AF489759

B B B B B B B B

B B B B B B B B

B B B B B B B B

B B B B B B B B

B B B B B B B B

B B B B B B B B

B B B B B B B B

B B B B B B B B

B B B B B B B B

b
b
b
b
b
b
b
b
b

E
E
E
E
E
E
E
E
E

F

F

F

F

F

F

F

F

F

g

g

g

g

g

g

g

g

g

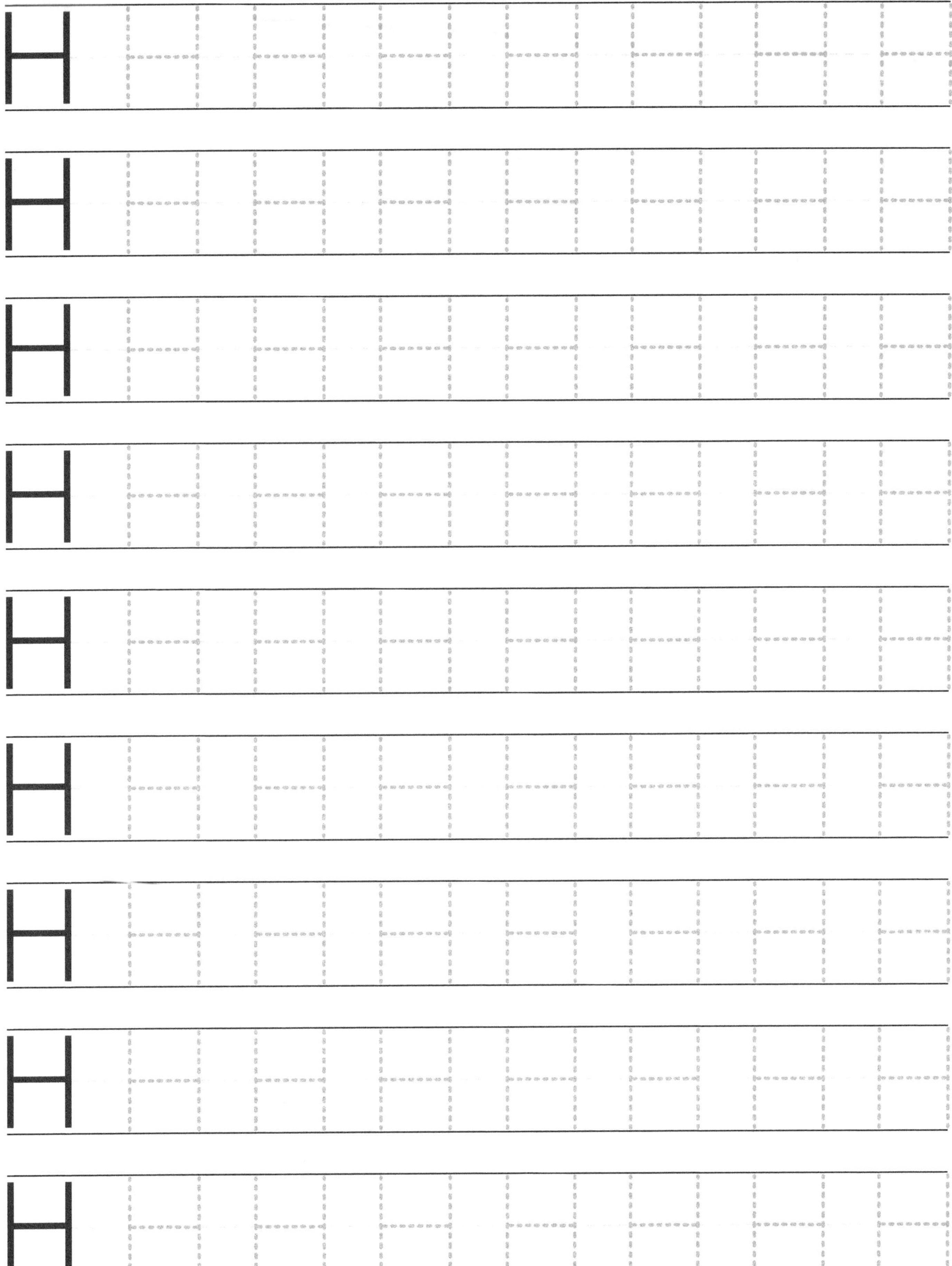

h
h
h
h
h
h
h
h
h

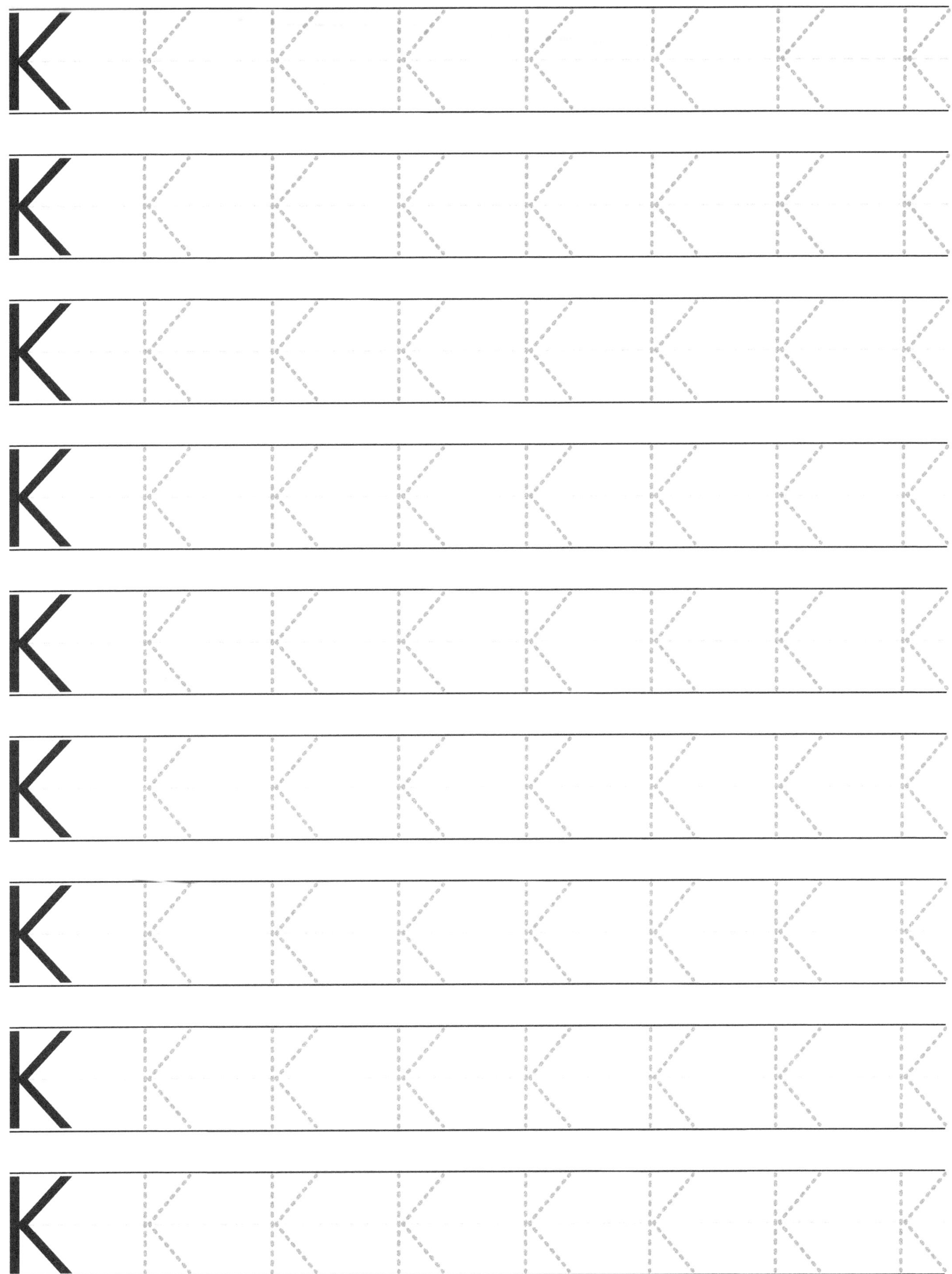

L

L

L

L

L

L

L

L

L

n n n n n n n n n n
n n n n n n n n n n
n n n n n n n n n n
n n n n n n n n n n
n n n n n n n n n n
n n n n n n n n n n
n n n n n n n n n n
n n n n n n n n n n
n n n n n n n n n n

P P P P P P P P

P P P P P P P P

P P P P P P P P

P P P P P P P P

P P P P P P P P

P P P P P P P P

P P P P P P P P

P P P P P P P P

P P P P P P P P

p p p p p p p p p

p p p p p p p p p

p p p p p p p p p

p p p p p p p p p

p p p p p p p p p

p p p p p p p p p

p p p p p p p p p

p p p p p p p p p

p p p p p p p p p

q q q q q q q q

q q q q q q q q

q q q q q q q q

q q q q q q q q

q q q q q q q q

q q q q q q q q

q q q q q q q q

q q q q q q q q

q q q q q q q q

R R R R R R R R

R R R R R R R R

R R R R R R R R

R R R R R R R R

R R R R R R R R

R R R R R R R R

R R R R R R R R

R R R R R R R R

R R R R R R R R

r
r
r
r
r
r
r
r
r

S   S   S   S   S   S   S   S

S   S   S   S   S   S   S   S

S   S   S   S   S   S   S   S

S   S   S   S   S   S   S   S

S   S   S   S   S   S   S   S

S   S   S   S   S   S   S

S   S   S   S   S   S   S

S   S   S   S   S   S   S

S   S   S   S   S   S   S

T

T

T

T

T

T

T

T

T

t

t

t

t

t

t

t

t

t

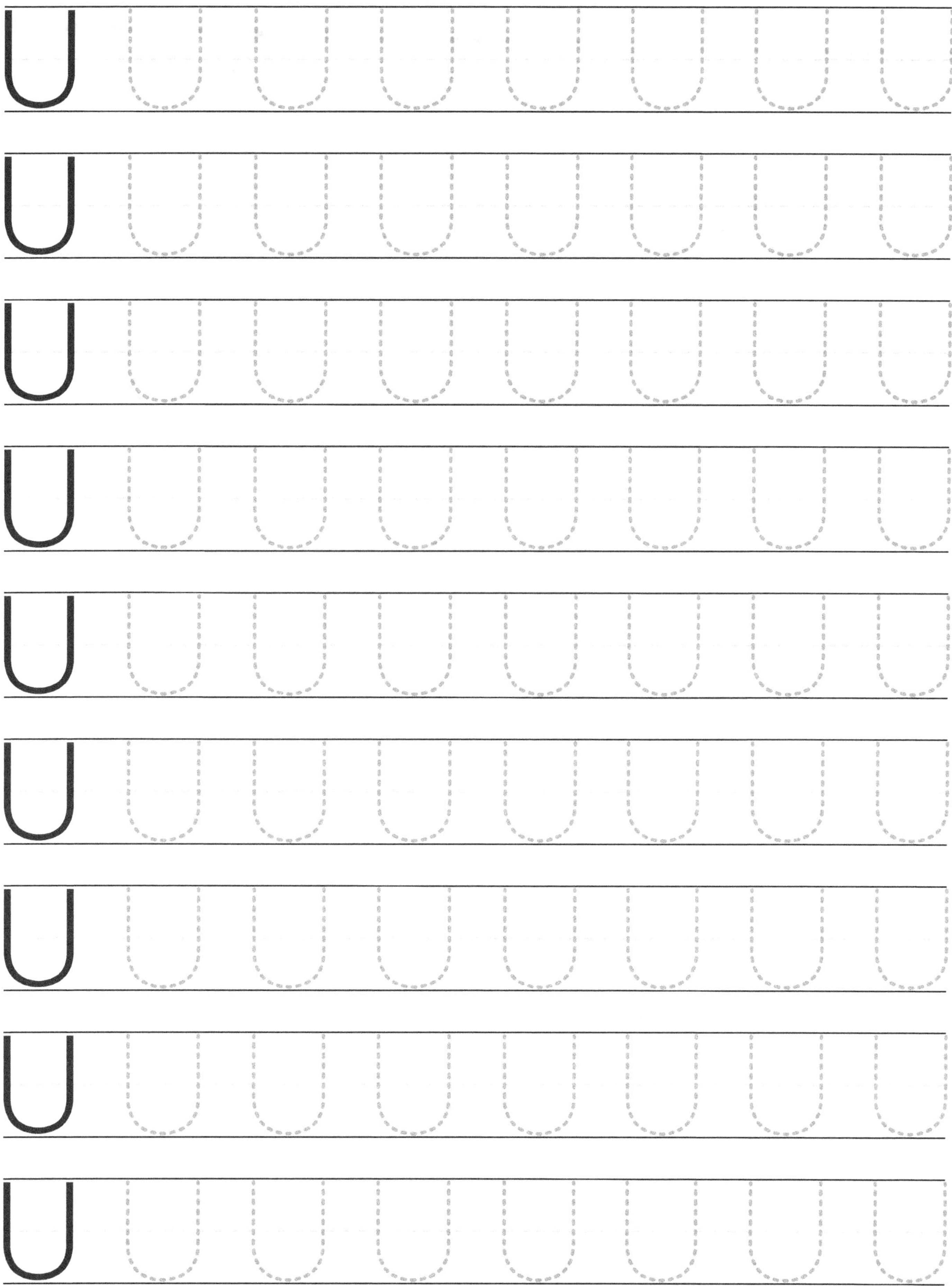

V V V V V V V V V V

V V V V V V V V V V

V V V V V V V V V V

V V V V V V V V V V

V V V V V V V V V V

V V V V V V V V V V

V V V V V V V V V V

V V V V V V V V V V

V V V V V V V V V V

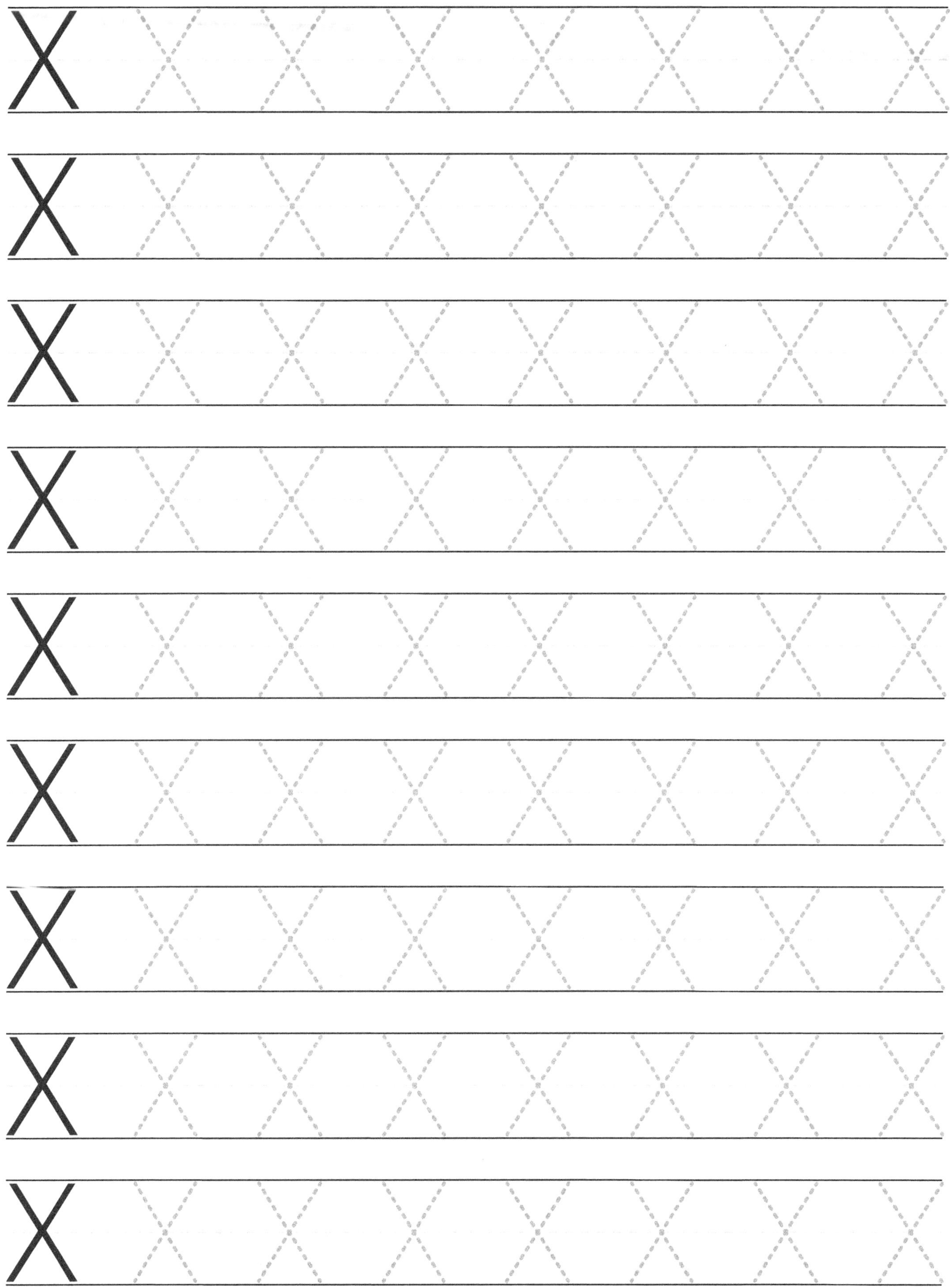

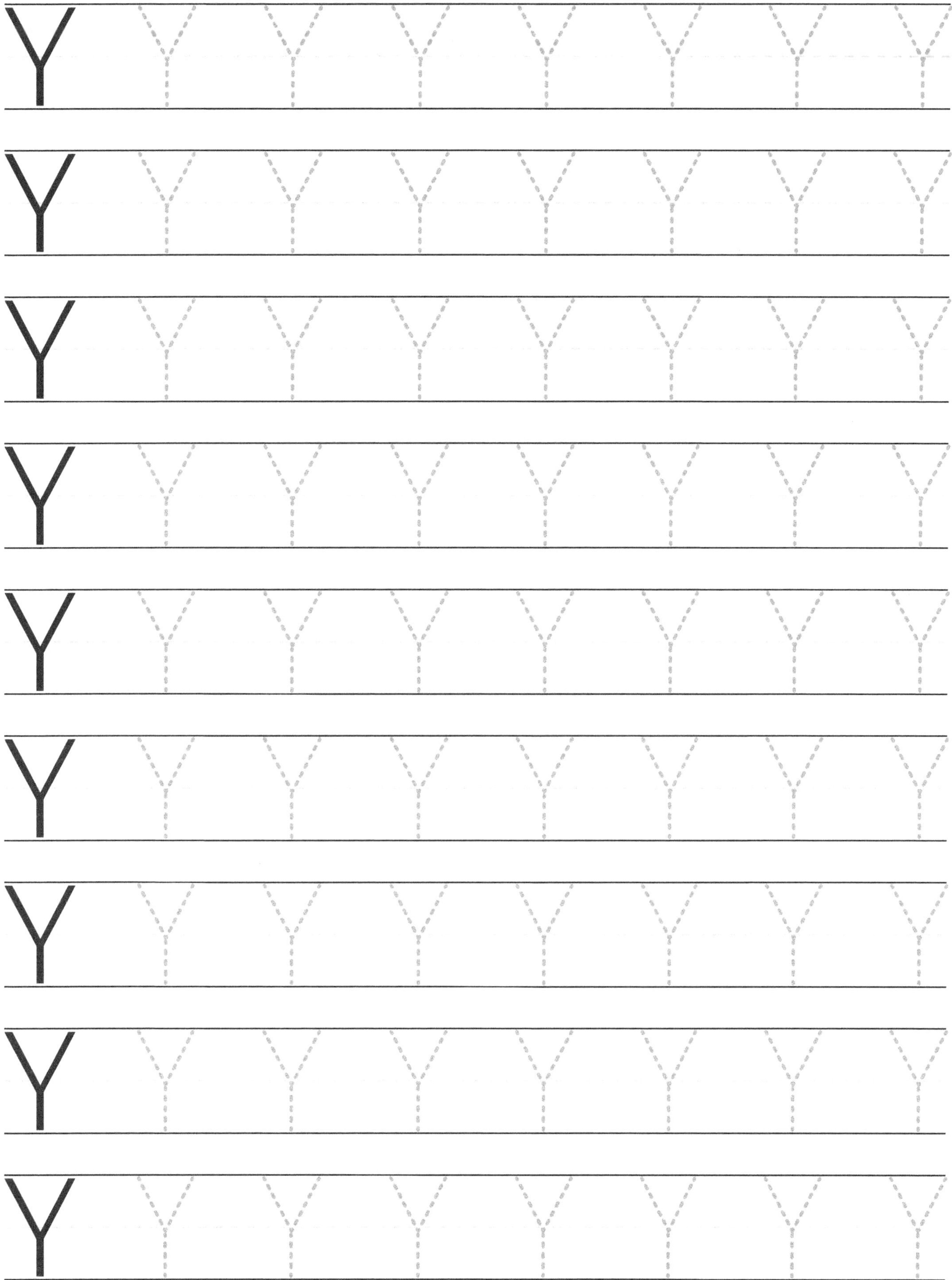

y y y y y y y y y

y y y y y y y y y

y y y y y y y y y

y y y y y y y y y

y y y y y y y y y

y y y y y y y y y

y y y y y y y y y

y y y y y y y y y

Z Z Z Z Z Z Z Z Z

Z

Z

Z

Z

Z

Z

Z

Z

Z

9 7 9 8 7 3 3 2 2 7 1 3 9